Burkina Faso

Burkina Faso liegt im westlichen Afrika, etwa acht bis neun Flugstunden von Deutschland entfernt. Sein Name bedeutet so viel wie »Land der ehrbaren Menschen«. Es ist etwa so groß wie Deutschland ohne Bayern oder etwa drei Mal so groß wie Österreich.
Die Nachbarländer sind Benin, Ghana, Elfenbeinküste, Mali, Niger und Togo. Etwa in der Mitte des Landes liegt die Hauptstadt Ouagadougou (sprich: »Waga dugu«) mit etwa 1 Million Einwohnern.

Der größte Teil des Landes ist Trocken- oder Feuchtsavanne: ein karger Boden, durchsetzt mit Dornengebüsch, Sträuchern und Bäumen. Anders als in Europa gibt es nur zwei Jahreszeiten: die Trockenzeit, die etwa von November bis März dauert, und die Regenzeit (etwa von April bis Oktober).

Es gibt über 13 Millionen Burkiner. Sie haben 60 eigene Sprachen, die offizielle Sprache ist jedoch Französisch, das aber keinesfalls alle Burkiner beherrschen.
Etwa die Hälfte der Bevölkerung sind Muslime, 10 Prozent sind Christen (meist Katholiken) und 40 Prozent sind Anhänger von Naturreligionen, das heißt, sie glauben an Naturkräfte und Mächte, die sie verehren ebenso wie ihre Vorfahren.
Die meisten Burkiner sind Bauern, Landarbeiter, Viehzüchter oder Handwerker.

Angebaut werden je nach Gegend Tomaten, Paprika, Zwiebeln, Auberginen, aber auch Mangos, Bananen, Erdnüsse, Reis, Mais und verschiedene Hirsesorten, außerdem Baumwolle.
Das Hauptnahrungsmittel ist »tô«, ein Brei aus Hirse oder Mais, der mit verschiedenen Soßen (zum Beispiel aus Tomaten oder den Blättern des Baobabbaumes) gegessen wird. »Riz gras« (sprich: ri gra) ist gebratener Reis mit etwas Gemüse und Fleisch. »Couscous« ist eigentlich ein arabisches Gericht, das aus gedämpfter Hirse mit Gemüse und Fleisch oder Fisch besteht. »Bissap« ist ein leckeres Getränk: ein Sirup, der aus Hibiskusblüten hergestellt ist und mit Wasser vermischt wird. Erwachsene trinken gerne »dolo«, ein Hirse-Bier.

Obwohl es eine Schulpflicht gibt, wird nur ein Drittel der Kinder eingeschult; das heißt jedes 5. Mädchen und jeder 3. Junge. In einer Schulklasse in der Stadt sitzen zwischen 60 und 80 Schüler, während es in einer Schule auf dem Land bis zu 120 Schüler sein können.
An fünf Tagen in der Woche gehen die Kinder in die Schule, die von morgens bis zum späten Nachmittag dauert. Wegen der großen Hitze gibt es zur Mittagszeit eine längere Pause.

ISBN 3-219-11245-5

Umschlag, Illustrationen und Layout von Susanne Smajić
Gesetzt nach der neuen Rechtschreibung

Printed in Austria
1 3 5 7 6 4 2

Annette Betz im Internet: www.annettebetz.com

Sylvia Schopf

Marie hat jetzt Stachelzöpfe

Von Europa nach Afrika und zurück

Mit Illustrationen von Susanne Smajić

ANNETTE BETZ

»Wann sind wir denn endlich da?« Marie ist ganz aufgeregt. Kein Wunder, schließlich fliegt sie zum ersten Mal nach Afrika. Burkina Faso – so heißt das Land, aus dem ihre Mama kommt. Dort wohnen Maries Cousin Issa, Oma Afrika und viele andere Verwandte.

Immer wieder schaut Marie aus dem kleinen Flugzeugfenster. Zu sehen ist nur eine große, weite Sandfläche – und das schon seit Ewigkeiten.

»Wenn wir die Wüste Sahara überquert haben«, sagt Mama, »dann sind wir bald da!«

Irgendwann ist Marie eingeschlafen, und als sie wieder aufwacht, ist das Flugzeug schon gelandet und kurz darauf steht sie mit Mama, Papa und dem Gepäck in der Flughafenhalle.

So viele Leute! Sie rufen und lachen und winken. Und da kommt auch schon jemand auf sie zugelaufen.

»Herzlich willkommen in Afrika!«, rufen Onkel Ibrahim und Issa.

Mit dem Auto geht es vom Flughafen durch die Stadt und Marie kommt aus dem Staunen gar nicht mehr heraus. Was auf der Straße alles los ist! Autos, Fahrräder, Lastwagen, Busse ... Und da: Ein Esel zieht unbeeindruckt von all dem Verkehr einen Karren mit Melonen! Überall sind bunt gekleidete Frauen mit ihren Kindern auf dem Rücken, außerdem balancieren sie auch noch voll bepackte Körbe und Schüsseln auf den Köpfen. Und alle, wirklich alle Leute, haben genau so eine dunkle Hautfarbe wie Maries Mama!

Als sie endlich beim Haus von Onkel Ibrahim ankommen, werden sie schon von Tante Fatou, Issas kleiner Schwester Assia und anderen Verwandten erwartet. Dann hört Marie, dass draußen vor dem Tor jemand in die Hände klatscht.
»Das ist die afrikanische Art, zu klingeln!«, erklärt Onkel Ibrahim. Und schon strömen noch mehr Besucher in den Hof.
Während die Erwachsenen es sich unter den Mangobäumen bequem machen und sich viel zu erzählen haben, zeigt Issa seiner Cousine alle Tiere, die es bei ihnen gibt.
Dort unter dem Strauch hat sich die scheue Katze Mimi versteckt. Und zwischen den gackernden Hühnern und den drei kleinen Ziegen, die genügsam ein paar verdorrte Grashalme knabbern, stolziert ein Hahn herum.
Und wer lugt da über die Mauer? Das sind die neugierigen Nachbarskinder. Mit denen toben Marie und Issa noch herum, bis es dunkel wird.

Ein paar Tage später fahren sie zu Oma Afrika. Sie wohnt in einem kleinen Dorf weit entfernt von der großen Stadt. Über eine asphaltierte Landstraße geht es immer geradeaus.

Ab und zu muss Papa bremsen. Nicht wegen eines Autos, sondern wegen dem tierischen Verkehr: Mal trottet eine Rinderherde über die Straße, mal spazieren meckernde Ziegen oder ein Esel auf der Straße herum.

Und weiter geht es, bis sie schließlich auf einen holprigen Weg abbiegen.

Nach einer Weile entdeckt Marie spitze Strohhutdächer, die zwischen den Bäumen hervorlugen.

»Das ist Katanga, das Dorf von Oma Afrika!«, sagt Mama und kurz darauf sind sie endlich da.

Vor dem Haus von Oma Afrika haben sich viele Leute versammelt.

»Was wollen die denn alle?«, erkundigt sich Marie.

»Uns begrüßen!«, lacht Mama. »Das gehört sich so, wenn Verwandte kommen.«

Marie schaut ungläubig auf all die Frauen, die Männer und Kinder.

»Sind das alles unsere Verwandten?«, fragt sie.

Mama nickt. »Fast alle. In Afrika hat man immer eine große Familie.«

Und da ist auch Oma Afrika. Sie kommt winkend auf Marie zu.

Als Marie am nächsten Morgen noch ganz schläfrig aus dem Haus kommt, sieht sie, wie Oma Afrika auf einen Eselskarren klettert.
»Warte! Ich möchte mit!«, ruft sie.
»Erst waschen und frühstücken!«, sagt Mama und hält Marie zurück.
»Wir fahren später mit dem Auto zum Markt. Und zurück kannst du auf dem Eselskarren mitfahren«, schlägt sie dann vor.
»Zeit zum Duschen!«, ruft Tante Fatou, die gerade mit zwei Wassereimern vom Brunnen zurückkommt.
Von Mama weiß Marie, dass es bei Oma Afrika – wie bei allen Leuten auf dem Land – keine Wasserhähne zum Aufdrehen gibt. Das Wasser muss erst aus dem Brunnen gepumpt und eimerweise nach Hause geschleppt werden.
»Also, ab zum Duschen!«, sagt Mama und schickt Marie samt Handtuch und Seife zu Tante Fatou. Mit einer kleinen Schüssel schüttet sie Wasser über Maries Arme und Beine. Uh! Ein bisschen kalt ist es schon. Aber danach fühlt sich Marie richtig erfrischt und kann es kaum erwarten, zum Markt zu fahren.

Marie ist begeistert von dem bunten Markttrubel. Was gibt es da alles zu sehen!
Und dann darf sie sich Stoff für eine Bluse aussuchen. Doch welchen soll sie nehmen? Den blauen mit den Dreiecken? Den gelben mit den Tupfen? Oder den grünen? Ratlos schaut Marie zu Issa. Der deutet sofort auf einen Stoff mit großen, bunten Blumen. Genau! Das ist der allerschönste.

Tante Fatou gibt dem Schneider den Stoff und er fängt sofort an, Maries Bluse zu nähen. Sie wird wirklich wunderschön!
»Und dazu passend mache ich dir heute Nachmittag noch eine afrikanische Frisur«, verspricht Tante Fatou und deutet auf die vielen Zöpfchen von Issas kleiner Schwester.
»O ja!«, jubelt Marie.

Während Maries Eltern und Tante Fatou noch ein paar Besorgungen machen, zeigt Issa Marie ganz merkwürdig kahle Bäume. Staunend steht sie davor.
»Die heißen Baobab!«, erklärt Issa, »und dort hinten in dem wohnt ein mächtiger Baumgeist!«
»O ja! Den schauen wir uns an!«, jubelt Marie und läuft los.
»Nein! Nicht! Bleib hier!«, ruft Issa ihr hinterher. »Das ist ein heiliger Baobab. Dem darf man nicht zu nahe kommen!«
Aber da ist Marie schon bei dem riesigen Baum und plötzlich ist sie dahinter verschwunden. Issa kneift erschrocken die Augen zu. Mama hat ihm neulich von Kindern erzählt, die in den heiligen Wald gegangen sind, obwohl das strengstens verboten ist. Es soll Unglück bringen.
Dann zuckt Issa zusammen. Jemand hat ihm auf die Schulter getippt. Doch es ist nur Marie, sie hält in der Hand eine Kette aus Kaurischnecken.
»Schau mal, die hat mir der alte Mann geschenkt, den ich hinter dem Baum getroffen habe!«
Marie strahlt und Issa ist glücklich, dass alles gut gegangen ist.
»Und jetzt habe ich großen Durst!«, stellt Marie fest und die beiden rennen zurück zum Dorf, so schnell sie können.

Auf dem Weg kommen ihnen schon Tante Fatou und Oma Afrika mit dem Eselskarren entgegen. Aber wo sind Mama und Papa?
»Sie bringen eine schwangere Frau mit dem Auto ins Krankenhaus«, sagt Tante Fatou. »Es war sehr dringend!«
»Warum ist die Frau nicht mit dem Krankenwagen gefahren?«, brummt Marie missmutig.
»So etwas gibt es hier nicht. Und auch keinen Arzt«, erklärt Tante Fatou und hilft Marie, auf den Karren zu steigen.
Als sie endlich bei Oma ankommen, gibt es nur lauwarmes Wasser zu trinken. Igitt! Es schmeckt Marie überhaupt nicht! Und diese Hitze! Wenn es doch wenigstens eine richtige Dusche gäbe! Marie fühlt sich hundeelend.

»Ruh dich etwas aus«, schlägt Oma Afrika vor und bringt Marie ins Haus.
»Hier ist es ja noch heißer!«, beschwert sich Marie. »Und es gibt noch nicht mal eine Windmachmaschine.«
Oma Afrika streicht ihr übers Haar und Issa wedelt ihr mit einem Fächer Luft zu.
»Es gibt hier keinen Strom – wie in den meisten Dörfern«, erklärt Oma Afrika.
»Ich will wieder heim! Hier ist alles so anders«, schnieft Marie. Dann schläft sie erschöpft ein.
Als Marie aufwacht, sitzen Mama und Papa neben ihr. Sie fällt ihnen um den Hals.
»Tut mir Leid«, sagt Mama. »Das mit dem Baby war eine sehr ernste Sache. Aber zum Glück ist dieses Mal alles gut gegangen.«
Dann entdeckt Mama die Kette an Maries Hals.
»Oh! Eine Schutzkette gegen böse Geister!«, wundert sie sich. »Von wem hast du die denn?«
Marie grinst geheimnisvoll und dann beginnt sie zu erzählen …

Einige Tage später besucht Marie mit ihren Eltern die Frau und das Baby. Es schlummert friedlich in den Armen seiner Mutter und ist genauso hellbraun wie Marie. Hat es etwa auch einen weißen Papa?
Mama schüttelt den Kopf. »Das ist nur, weil Karim gerade erst zur Welt gekommen ist. In ein paar Wochen sieht er so aus wie seine Geschwister«, meint sie. »Halt! Nicht bewegen!«, ruft sie kurz darauf erschrocken und zupft etwas von Maries Bein. Einen giftigen Skorpion!
»Da hast du aber Glück gehabt«, sagt Mama erleichtert.
»Na klar, ich habe doch eine Schutzkette!«, antwortet Marie stolz.
Dann horcht sie auf: Trommelmusik!
Kurz darauf ist ein Fest im Gange – wegen der Geburt von Karim und als Dankeschön an Maries Eltern. Es wird gegessen und getrunken, getrommelt und getanzt und Marie ist mitten drinnen. Begeistert trommelt sie auf einem Plastikkanister, wie es ihr Issa neulich gezeigt hat.

Gerne wäre Marie noch geblieben, aber nun ist es Zeit, Abschied zu nehmen von Oma Afrika und all den Leuten im Dorf. Es gibt wieder ein großes Fest und danach fahren Marie und ihre Eltern wieder in die Stadt. Von dort geht es mit dem Flugzeug zurück nach Deutschland.
Ach ja, mit den afrikanischen Zöpfchen hat es schließlich auch noch geklappt. Und auf die ist Marie besonders stolz!

U

Gerne wäre Issa noch länger in Deutschland bei Marie und ihren Freunden geblieben, aber nun ist es Zeit, Abschied zu nehmen. Am letzten Tag feiern sie eine große Gartenparty und Issa trägt stolz den roten Schal, den Frau Berger ihm geschenkt hat. Dann klingelt es und vor der Tür steht ein Paket. Für Issa steht darauf. Neugierig packt er es aus.

»Ein Fußball!«, jubelt Issa. »Genau so einen hab ich mir schon immer gewünscht.«

Eine bunte Zeichnung liegt auch dabei und Maries Mama liest vor, was unter dem Bild steht: »Au revoir, Issa. Auf Wiedersehen. Und komm mal wieder! Deine Freunde.«

Alle sind sehr froh, dass Issa wieder da ist.
»Wir haben uns schon Sorgen gemacht«, sagt Marie erleichtert.
Josefine nickt, streckt Issa die Hand entgegen und sagt: »Bonjour. Bienvenu.«
Das ist Französisch. Marie hat es ihr vorhin beigebracht. Auf Deutsch heißt das: »Guten Tag! Herzlich willkommen!«
Issa lächelt ihr schüchtern zu. Und dann weiß er nicht, wie ihm geschieht. Von allen Seiten strecken sich ihm Hände entgegen. Jeder will ihn auf Französisch begrüßen.
»Und wisst ihr, wie man sich in Spanien ›guten Tag‹ sagt?«, fragt Frau Berger und ruft ein fröhliches »Buenos dias!« in die Runde. Danach probieren es alle auf Italienisch und Mirko kennt die kroatischen Begrüßungsworte.
»Und morgen fragen wir Leila und Anastasia, was sie in Marokko und in Russland sagen«, schlägt Marie vor.

U 12
Tulipa purpura
KIOSK

Als er sich die Tränen aus den Augen gewischt hat, erkennt er sie: Es ist Frau Berger, die Nachbarin. Kurz darauf stapft er mit ihr zu einer Telefonzelle und ist sehr froh, als er die vertraute Stimme von Maries Mama hört.
Eine ganze Weile telefoniert er: Erst mit seiner Mama, dann mit Tante Denise. Schließlich ist er einverstanden, dass Frau Berger ihn zu Marie und der Geburtstagsgesellschaft zurückbringt.
Auf dem Weg zum Zoo entdeckt Issa eine rollende Treppe, genau so eine wie am Flughafen. Ehe sich Frau Berger versieht, rennt Issa los, steht schon auf der Rolltreppe und verschwindet in der Tiefe.
»Halt! Warte!«, ruft sie, aber da kommt er bereits wieder nach oben gefahren und strahlt über das ganze Gesicht. Kurze Zeit später sieht man Frau Berger und Issa lachend eine Rolltreppe hinauf- und hinunterfahren. Wieder und immer wieder – bis Issa genug hat.

!!!
50 %

Eine Eisenbahn, die unter der Erde fährt! Leute steigen aus, Leute steigen ein, dann verschwindet der Zug in einem pechschwarzen Tunnel.
Nach einer Weile düst erneut eine Bahn heran. Diesmal wird Issa von der Menschenmenge wie von einem reißenden Fluss mitgenommen, bis zu einem unterirdischen Platz mit vielen Geschäften.
Dort entdeckt er etwas Merkwürdiges: Eine große Glastür, die sich wie von Zauberhand öffnet, wenn jemand darauf zugeht. Vorsichtig nähert sich Issa der Tür– und zack ist sie auch schon offen. Wie das wohl funktioniert? Vielleicht weiß Mama ... Issa bleibt stehen. Mama! Wie kommt er nur von hier wieder zu Mama und Marie? Die Leute, die er fragt, verstehen ihn nicht. Manche laufen einfach weiter, andere zucken ratlos die Schultern. Plötzlich ist ihm fürchterlich kalt. Und dann kullern ihm Tränen über die Wangen.
Da legt sich mit einem Mal ein warmer, roter Schal um seine Schultern. Jemand hält ihm ein Taschentuch hin. Was die Frau sagt, versteht Issa nicht, aber ihre Stimme hat er schon einmal gehört.

U
TIERPARK

Issa rennt, bis er nicht mehr kann. Ganz außer Puste bleibt er stehen. Wer ihm beim Fußballspielen ein Bein gestellt hat, weiß er nicht. Aber dass die anderen ihn dann auch noch ausgelacht haben, als er hingefallen ist, das war zu viel. Da ist er Hals über Kopf davongeflitzt.
Als er jetzt über eine Straße laufen will, hält ihn jemand zurück. Ein Mann neben ihm deutet auf ein leuchtend rotes Männchen. Ampeln gibt es bei ihm zu Hause zwar auch, aber nicht solche. Fasziniert beobachtet Issa eine ganze Weile, wie mal das rote, mal das grüne Männchen aufleuchtet.

Dann entdeckt er einen gelben Kasten. Eine Frau hat gerade einen Brief hineingeworfen. Merkwürdig, seine Eltern bringen Briefe entweder zur Post oder geben sie jemandem mit, der dorthin fährt, wo der Brief hin soll.
Und was ist das? Da verschwinden ja Leute in der Erde. Vorsichtig nähert sich Issa der Öffnung. Treppen! Sie führen in die Erde hinein. Was da unten wohl ist? Erst traut sich Issa nicht hinunter, aber dann ist seine Neugierde größer und er spaziert aufmerksam durch den hell erleuchteten, langen Gang. Was rattert denn da so?

Im Zoo gibt es nicht nur Tiere aus aller Welt, sondern auch einen Spielplatz, auf dem man prima Fußball spielen kann. Issa, Benni und die anderen Jungen rennen sofort in die Fußballecke, während Marie und ihre Freundin Josefine lieber schaukeln gehen.

»Dein Cousin ist richtig nett!«, findet Josefine. »Schade nur, dass ich nicht richtig mit ihm reden kann.«

Und da hat Marie eine Idee. »Spielen wir Afrika und ich bring dir bei, wie man dort redet.«

Josefine ist begeistert und auch die anderen Mädchen wollen mitmachen.

»Einverstanden!«, sagt Marie und will gerade anfangen, als sie Benni aufgeregt rufen hören: »Bleib hier, Issa!«

»Issa – nicht fortlaufen!«, rufen nun alle. Doch Issa kann schneller laufen als Marie und ihre Freunde und schon ist er außer Sichtweite. Nun machen sie sich alle große Sorgen und Marie beschließt, sofort ihre Eltern anzurufen um ihnen Bescheid zu sagen.

Nachdem sich alle mit Kakao und Kuchen gestärkt haben, geht es nach draußen zu den Tieren. Einen Zoo, in dem man wie in einem großen Garten herumspaziert und die Tiere in Käfigen wohnen, hat Issa noch nie gesehen.

»Was sind das denn für lustige Tiere?«, ruft Issa begeistert. »Die haben ja Watschelfüße. So was habe ich noch nie gesehen!«

Kein Wunder, Pinguine gibt es nämlich nicht in Afrika. Und dass Giraffen sooo einen langen Hals haben, wusste Issa bisher auch nicht. Er hat bisher noch nie eine gesehen.

»Ich dachte, Giraffen leben in Afrika«, wundert sich Benni.

»Aber nicht überall in Afrika«, sagt ein Mann neben ihnen. »Giraffen, Nashörner oder Zebras gibt es nur in einigen afrikanischen Ländern.«

Aha! Benni und die anderen schauen sich verwundert an.

Und was ist mit dem kleinen Mädchen, das Issa ängstlich aus der Ferne beäugt. Als er und Marie näher kommen, versteckt es sich sogar hinter dem Rücken seiner Mama.

»Daraus musst du dir nichts machen. Bennis kleine Schwester ist manchmal ein totaler Angsthase«, beruhigt ihn Marie.

Maries Freund Benni findet es jedoch toll, dass Besuch aus Afrika da ist, und er reicht Issa ein Stück Kirschtorte.

Die Geburtstagsfeier findet in einem großen Haus mitten im Zoo statt. Als Marie und Issa kommen, toben schon einige der Geburtstagsgäste ausgelassen durch den Raum. Plötzlich bleibt ein sommersprossiger Junge vor ihnen stehen und starrt Issa an.

»Puh, bist du immer so dunkel?«, erkundigt er sich.

»Da müsstest du mal nach Afrika kommen«, antwortet Marie für Issa. »Dort haben die meisten Menschen eine dunkle Hautfarbe.«

Am nächsten Tag regnet es in Strömen. Eigentlich findet es Issa toll, wenn das Wasser mal wie aus Gießkannen vom Himmel kommt. Das passiert bei ihm zu Hause nämlich nur selten. Doch Mama und Tante Denise meinen, dass es viel zu kalt und zu nass sei um hinauszugehen. Schade! Also bleiben Issa und Marie im Kinderzimmer. Unglaublich, wie viele Spielsachen Marie hat! Autos, Bausteine, Puzzles, Malstifte, Bälle – immer mehr holt sie hervor. So viele Spielsachen hat Issa nicht – und auch keiner seiner Freunde. Insgeheim hat Issa gehofft, dass sie am Nachmittag ins Einkaufszentrum gehen – zum Rolltreppefahren. Doch sie sind zu einer Geburtstagsfeier eingeladen und alle Gäste sollen sich im Zoo treffen.

»Was ist denn ein Zoo?«, fragt Issa.

»Das ist eine Art Tierpark«, antwortet Marie. »Dort gibt es auch Tiere aus Afrika. Es wird dir sicher gefallen!«

»Feiert man hier Geburtstag immer im Zoo?«, wundert sich Issa.

»Nicht immer, aber manchmal«, sagt Marie.

Als sie das Haus verlassen, stürmt eine Frau auf sie zu.

»Das ist unsere Nachbarin, Frau Berger«, erklärt ihm Marie. Issa ist etwas verwirrt, als ihm Frau Berger voller Bewunderung über die Haare streicht und ihre Hand gleich darauf lachend wieder zurückzieht.

»Sie findet dich hübsch, nur deine Haare sind ihr etwas zu kratzig«, grinst Marie fröhlich.

Wie riesengroß der Flughafen ist! Und was ist das? Treppen, die von ganz alleine fahren! Hinauf und hinunter. So etwas hat er noch nie gesehen. »Komm!«, sagt Marie, nimmt ihn an die Hand und schon steht er neben ihr auf der rollenden Treppe. Ein bisschen mulmig ist ihm zuerst, aber als sie unten ankommen, möchte er am liebsten sofort wieder nach oben fahren. Leider ist Mama dagegen.

»Bei uns in der Nähe ist ein Einkaufszentrum. Da gibt's auch Rolltreppen«, tröstet ihn Marie.

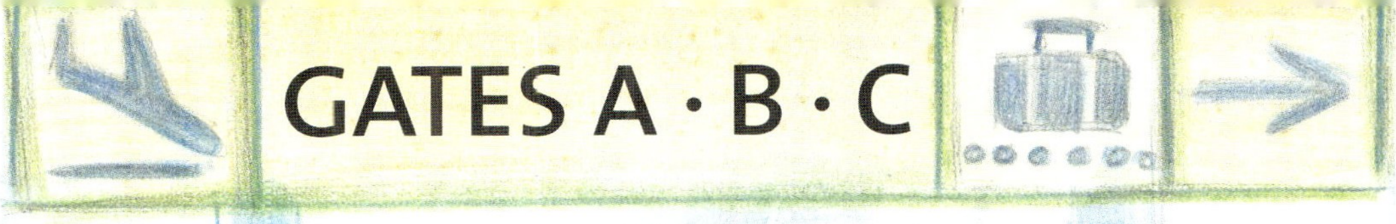

»Wann sind wir denn endlich da?« Issa ist ganz aufgeregt. Kein Wunder, schließlich fliegt er zum ersten Mal nach Deutschland, zusammen mit Mama und seiner kleinen Schwester Assia.
Der Flug wird noch eine Weile dauern und irgendwann schläft Issa ein. Als er wieder aufwacht, sind sie schon gelandet. Kurz darauf steht er mit Mama, Assia und dem Gepäck in der Flughafenhalle. So viele Leute! Und dann hört er seinen Namen. Als Issa sich umdreht, entdeckt er seine Cousine Marie, die winkend auf ihn zuläuft. Und da sind auch Tante Denise und Onkel Thomas.

Sylvia Schopf

Von Afrika nach Europa und zurück

Mit Illustrationen von Susanne Smajić

ANNETTE BETZ

Wir danken
der Österreichischen Entwicklungszusamme
für die freundliche Unterstützung.

Österreichische
Entwicklungszusammenarbeit

Deutschland

Deutschland liegt in Mitteleuropa und hat eine Fläche von 357 027 km^2 (Burkina Faso: 274 200 km^2).
Es gibt neun Nachbarländer: Österreich, Schweiz, Frankreich, Belgien, Luxemburg, Niederlande, Dänemark, Polen und die Tschechische Republik.
Die Hauptstadt ist Berlin, dort leben mehr als 3 Millionen Menschen.

Innerhalb Deutschlands gibt es unterschiedliche Landschaften: das Flachland, gebirgige Gegenden, Wiesen und Wälder mit Bächen, Flüssen oder Seen.
Es gibt vier verschiedene Jahreszeiten: den Frühling, den Sommer, den Herbst und den Winter.
Je nach Jahreszeit kann es sich auf sommerliche 30 Grad Celsius erwärmen, während im Winter das Thermometer auch mal unter null Grad Celsius sinkt und es eisig kalt wird.
Zwischen Mitteleuropa und Burkina Faso gibt es einen Zeitunterschied von einer Stunde: Ist es bei uns zum Beispiel 12 Uhr, so zeigt die Uhr in Burkina erst 11 Uhr.

Über 82 Millionen Menschen leben in Deutschland, darunter auch Menschen aus anderen Ländern wie der Türkei, Serbien, Kroatien, Italien, Iran oder Marokko.
Deutsch ist die offizielle Sprache; sie wird auch in Österreich und in einem Teil der Schweiz gesprochen.
Mehr als die Hälfte der Bevölkerung sind Christen (33% Katholiken, 33% Protestanten); 3% Muslime und 0,1% Juden.
In der Landwirtschaft wird neben Getreide auch Gemüse und Obst angebaut. Außerdem gibt es Viehzucht.
Gerne und viel gegessen werden Nudeln, Kartoffeln oder Reis. Dazu gibt es Fleisch oder Fisch, Gemüse oder Salat. Als typisches Essen gelten »Schnitzel« (ein gebratenes Fleischstück) oder Sauerkraut (eingelegter Weißkohl). Besonders beliebt sind die vielen verschiedenen Sorten Brot, das aus verschiedenen Mehlen und mit Körnern und Gewürzen hergestellt wird.

Für alle Kinder ab 6 Jahren gibt es eine Schulpflicht.
Der Unterricht findet hauptsächlich am Vormittag statt, manchmal sind die Schüler auch bis nachmittags in der Schule.